Melany de Isabeau

MEIN (FAST) GANZES LEBEN

EINE WAHRE GESCHICHTE

© 2020
Herstellung und Verlag:
BoD – Books on Demand, Norderstedt
ISBN: 978-3-7526-3946-9

Dies ist eine wahre Geschichte von je einer Mutter, die von Ostpreußen nach Berlin geflohen ist. An ihrer Seite hatte sie ihren kleinen Sohn Udo bei sich. Und sie war im 9ten Monat schwanger. Sie wusste auch keinen Ausweg, was sollte sie nur machen, sie hatte keine Arbeit, keine Bleibe und zu Essen schon gar nicht. Sie setzte sich auf einer kleinen Bank im Park. Sie war müde, und lehnte sich kurz zurück. Nach einer Weile schüttelte ihr je an den Schultern. „Hallo, junge Frau, ist das ihr Kind?, der Junge läuft hier ganz allein auf dem Spielplatz. Es sind auch keine anderen Leute in der Gegend." Die Frau brach in Tränen aus. „Was ist denn los, geht es ihnen nicht gut?" Und die Frau erzählte ihr. „Ihr Leben". Und zum Schluss sagte sie noch: Ich suche ein Kinderheim für mein Kind. Und Frau Sievert meinte: „Kommen sie erst Mal mit zu mir. Und so wurde aus einer kleinen flüchtigen Bekanntschaft – echte Freundschaft....

Im Fichte-Bunker je am 15ten Februar, brachte die Frau ein kleines Mädchen auf die Welt. Es war auch schon alles besprochen, dass Frau Sievert das kleine Mädchen behalten wird und ihr Mann Kunibert war begeistert – denn Frau Sievert konnte keine Kinder bekommen. Um so glücklicher waren sie jetzt. Frau S. bekam noch genügend Geld und sie ging in ein anders Land zurück. Und die Zeit, all die Jahre, vergingen je wie im Fluge....

Ich wurde fünf Jahre alt, ich habe heute Geburtstag. Mutti meinte zu mir: „Wir werden heute mal Bummeln gehen. Und du darfst dir etwas zum Geburtstag, eine Kleinigkeit nun aussuchen. Ich habe eine gute gute Mutti, sie liest mir jeden Wunsch von den Augen ab. „Unser Vati hat uns nun verlassen, er lernte eine andere Frau kennen. Er hatte uns nicht einmal besucht. Ich war traurig, aber ich habe ja meine Mutti und ich liebe sie."

Eines Tages sagte meine Mutti zu mir: „Nun, meine kleine Heidi, du wirst bald Eingeschult und wir müssen eine große Schultüte kaufen, wo all die schönen Sachen reinkommen, die sich Kinder so wünschen."Aber Melanie meinte: „Aber Mutti,ich brauche keine große Schultüte eine kleine reicht auch. Frau Sievert lächelt.Und so schlenderten sie je am nächsten Tag durch die Stadt,nach Aus -sicht ihrer Schultüte. Und hatten nun einen Erfolg.Als Heidi am Abend in ihr Bettchen lag, füllte sie die Schultüte mit Sachen, die Heidi noch nicht gesehen hatte.Dann kam je der Tag der Einschul -ung. Und ihre Augen wurden groß, als sie in der Schultüte blickte: „Das hast du alles nur für mich gekauft. Das ist ja viel,die kann ich aber nicht tragen. „Das mache ich für dich. Ja, sie liebte ihre kleine Tochter.Doch eines Tages musste sie ihr erzählen,dass sie nicht die Mutti ist und sie eine Mutti und auch noch einen kleinen Bruder hatte.

Als ich langsam ein Teenager wurde, erzählte mir meine Mutti, dass ich noch eine Mutti habe. Meine einzige Antwort darauf war: „Aber Mutti, du bist meine Mutti, eine richtige Mutti könnte nicht besser sein, als du es bist. Ich wollte auch gar nichts von meiner anderen Mutter hören. Ich verachte sie je auch nicht, denn es war Krieg. Und sie wollte für mich bestimmt auch nur das Beste."

Mit sechzehn Jahren lernte ich bei einer Geburtstagsfeier meinen Freund Klaus kennen, er war zehn Jahre älter. Aber wie sagt man: Es sind ja nur Zahlen. Ich war glücklich und Klaus auch. Meine Mutti hatte zuerst Bedenken, aber die legten sich nach einiger Zeit, sie hatte ihn je liebgewonnen. Und er verwöhnte auch meine Mutti, mit Blumen zum Beispiel – Rosen, ihre Lieblingsblumen. Nach ein paar Wochen, machte er mir ein Geschenk – eine kleine Schachtel und als ich sie öffnete blieb mir fast das

Herz stehen. Es war ein Ring von einer besonderen Schönheit. Klaus sagte nur: „Für die Frau die ich liebe, von ganzen Herzen." Mir kamen die Tränen, alles hätte ich erwartet nur das nicht. Auch meine Mutti staunte nicht schlecht und wünschte uns, nun, alles Gute. Es ist die schönste bis jetzt, die wir zwei erleben. Größer könnte das Glück und die Liebe nicht sein. Doch manchmal beschlich mich ein so ungutes Gefühl, und ich dachte: Kann man denn nun, jeden Tag, jeden Monat je so glücklich sein?, und schob dann diesen Gedanken weit weg. Wir zwei waren sehr glücklich und das zählte nur. Eines Tages, Mutti hatte zum Kaffee geladen. Klaus kam mit einem großen Strauß Rosen in den schönsten Farben. „Na, sagte meine Mutti, womit habe ich es denn diesmal verdient?" Und Klaus meinte zu nur: „Du brauchst nur ein Wort zu sagen und das heißt, ja. Ich möchte deine Melanie, je heiraten." Meine Mutti stand da, wie vom Donner gerührt. Aber dann kam Leben in ihr und sie drückte Klaus einen Kuss auf die Wange und meinte: „Ich wünsche euch das Glück auf Erden, meinen Segen habt ihr. Ich fiel meiner Mutti um den Hals und drückte und küsste sie immer wieder bis sie meinte: „Lass mich doch einmal Luft holen, du drückst mich ja fasst tot." Irgendwie schmeckte mir der Kaffee heute noch besser.

Eines Tages kam Klaus je etwas früher von der Arbeit und meinte: „Komm und zieh dich fein an, wir werden heute mal bummeln gehen. Nach der vielen Arbeit habe ich mal wieder Lust auf einen, mit dir, stressfreien Tag zu erleben. Wir zwei bummelten durch die Altstadt schauten uns hier und da Geschäfte an, steuerten dann auf ein Restaurant zu, weil wir je Hunger und Durst verspürten. Nach der Ruhepause und dem reichlichen Menü, meine Klaus zu mir: „Können wir denn jetzt langsam gehen, ich habe noch eine kleine Überraschung für meinen kleinen Liebling." Und er steuerte mit mir auf das Rathaus zu. Ich fragte ihn: „Aber Klaus was wollen wir denn hier." „Lass dich überraschen." Zimmer 13 klopfte er an und mit je gemischten Gefühlen folgte ich ihm. Die Angestellte fragte nach seinem Wunsch. Klaus meinte nun darauf: „Wir möchten je das Aufgebot bestellen um zu Heiraten. Ich war von den Socken, aber glücklich über seine Entscheidung. Ich bin ja ein bisschen abergläubisch was Zahlen betrifft und die 13 bedrückte mich jedoch ein klein wenig. Zimmer 13, Heirat am 13ten irgendwie betrachtete ich das alles mit gemischten Gefühlen. Die Zeit unserer Heirat rückte nun schon näher. Mutti und ich hatten viele Erledigungen zu besorgen. Aber nach einer Woche hatten wir alles je im Griff. Eines Tages aber merkte ich, dass mit mit irgendetwas nicht stimmte. Meine Tage blieben aus. Meine Mutti sagte ich noch kein Wort.

9

Als Klaus am Abend je von der Arbeit kam, er sah je abgespannt aus und ich überlegte, ob ich ihn meine Nachricht unterbreiten konnte! Ich kochte erst mal für uns Kaffee und wir unterhielten uns über die bestehende Hochzeit. Klaus kam mal wieder ins Schwärmen. Und dann kam ich. „Liebling, ich muss dir etwas sagen – ich glaube ich, nein wir, bekommen ein Baby." Klaus sprang so extrem schnell von seinem Stuhl, dass seine Kaffeetasse je das Weite suchte. „Mein Gott, mein Liebling, dass ist ja wunderbar dann werden wir eine kleine richtige kleine Familie." „Wenn du es je wünscht, dann können wir Morgen am Samstag schon ein paar Sachen kaufen, fürs Baby meinte er." Ich stand auf und setzte mich je auf seinen Schoß und meinte nur: „Ich bin ja so froh, einen Mann wie dich gefunden zu haben und schlang meine Arme um ihn und gab ihm einen Kuss, dass ihm je die Luft wegblieb. Wir freuten uns auf Samstag.

Es war Samstag. Nach dem Frühstück so um 9Uhr machten wir uns auf den Weg in die Stadt. Im Kaufhaus Kauf-Hof stolzierte mein Klaus gleich auf die Kinderbekleidungsetage zu.Nach knapp drei Stunden war ich je erschöpft und meine Füße taten weh. Mein Klaus war begeistert, und ich glaube er könnte den ganzen Tag dort verbringen. Zuhause je angekommen, ging es dann erst mal ans Auspacken. Meine Mutti die vom Groß-Einkauf kam, staunte nicht schlecht, über die vielen Sachen fürs Kind. „Da habt ihr aber je mächtig zugeschlagen, meinte sie nur." Ich lächelte Klaus je zu. Später beim dem Mittagessen berieten wir zwei,uns ein langes Wochenende zu genehmigen, da er am Montag jedoch wie immer schwer arbeiten musste, an seiner Betonmischmaschine. Ich hatte jedes Mal Angst um ihn, denn es ist ja auch sozusagen sehr gefährlich. Denn er muss den Beton mischen und ihn in der Maschine einfüllen und die ist je offen.

Am Montag ging ich mit Mutti zum Einkaufen. Es war ein Tag wie jeder andere – oder auch nicht? Als ich mit Mutti am Nachmittag am Kaffeetisch saß, sagte ich zu ihr: „Mutti, geht es dir genauso, wie mir? Es ist mir heute so komisch, ein so ungutes Gefühl, wie ein Druck beschleicht mich! „Ach sagte Mutti, du hast bestimmt wieder schlecht geschlafen und geträumt." Ja, das kann es auch gewesen sein, denn ich war die Nacht zweimal schweißgebadet aufge -wacht. Aber ich konnte mich je nicht mehr erinnern, was ich geträumt hatte. Die Zeit verging und der Abend stellte sich bei uns ein.Ich setzte Kaffeewasser auf und stellte das Essen auf den Herd, denn bald würde Klaus von der Arbeit kommen und wie je, immer, sehr großen Hunger haben. Und auch bald darauf klingelte es. „Klaus hat bestimmt seine Schlüssel mal wieder vergessen, sagte ich zu Mutti und lief schnell um zu öff -nen. Aber es war nicht Klaus, es waren seine Eltern. „Kommt herein, ich habe gerade Kaffeewasser aufgestellt, denn Klaus wird auch gleich hier sein." Die Eltern sahen sich an und da merkte ich, das die Mutter verweinte Augen hatte. Wir setzten uns, ich schenkte Kaffee ein und dann erzählte Klaus seine Mutter, dass die Polizei bei ihnen gewesen sei. Ich fragte: „Und was wollte die denn bei euch?, ihr habt je doch gar nichts angestellt oder? Nein, sagte die Mutter. Ich muss euch eine traurige Nachricht von Klaus überbringen!" Was ist denn, fragte ich. „Will er mich nun nicht mehr heiraten?" „Er kann nicht!, sagte die Mutter „Aber warum nicht?, nun rede doch schon." „Er ist tot." Sagte sie nur. Nun war es heraus. Bei mir drehte sich alles, ich brachte keinen Ton heraus. Und dann brach ich in Tränen aus. Ich weinte so, wie ich noch nie in meinem ganzen Leben, um etwas geweint habe. Meine Mutti kam je zu mir und nahm mich in ihre Arme, um mich zu trösten.

Die Eltern berichteten, als die Polizei da gewesen sei; dass Klaus einen tödlichen Unfall hatte. Er sei so unglücklich ausge -rutscht, und in seine Mischmaschine ge fallen, das er zu Tode kam und erstickte. Sie konnten ihn nicht mehr retten. Ich war je am Boden zerstört, warum er. Ich konnte es nicht begreifen. Was soll nun werden, ich bekam ein Kind von ihm.

Die Beerdigung war dann am 13ten um dreizehn Uhr. Wie makaber dachte ich nur. Es wäre je unser Tag gewesen, der glücklichste in unserem Leben, unsere Hochzeit. Es war herzzerreißend, es waren alle Arbeiter gekommen um von Klaus Abschied zu nehmen. Für mich wurde der 13ten ein Trauertag den ich nie vergessen werde. Langsam gingen wir den Ausgang entgegen und verab -schiedeten uns von Klaus Eltern. Sie wünschten mir, noch alles Gute und der Mutti auch. Das ich von Klaus ein Kind erwarte blieb mein einziges Geheimnis.

Zu Haus je angekommen, setzte ich erst einmal Wasser für Kaffee auf. Denn den hatten wir jetzt beide nötig. Wir unter hielten uns und ich fragte dann: „Mutti, was soll nun werden?, mein Bauch wird immer runder und ich habe keinen Vater für mein Kind. Die Leute hier in der Umgebung werden je über mich reden." Meine Mutter aber sagte. „Kind, so schlimm wird es doch nicht werden!" Du hast doch noch mich." Nein, sagte ich zu ihr, ich kann hier nicht bleiben. Ich werde mir etwas einfallen lassen. Aber mir fiel augenblicklich gar nichts ein. Bis ich eines Tages im Internet las, dass es ein Mädchenheim für werdende Mütter in Düsseldorf gab. Das war es, dachte ich, dass muss es je sein. Ich besprach es nun mit Mutti, sie war nicht begeistert darüber, dass ich sie verlassen will. Aber dann sagte sie: „Frage doch erst einmal nach, ob überhaupt ein Platz noch frei wäre." Am nächsten Tag in der Früh rief ich in Düsseldorf dann an.

Ein Freizeichen, dann eine weibliche Stimme. „Guten Morgen, hier ist das Mädchenheim in Düsseldorf, was kann ich für sie tun? Ich sagte alles, was mir am Herzen lag. Und die nette Dame am anderen Ende der Leitung sagte: „Wenn ihnen so viel daran liegt, ihr Kind, hier bei uns auf die Welt zu bringen, dann kommen sie doch einfach Mal vorbei, und schauen sie sich dann hier erst Mal alles an." ich versprach zu kommen und wir legten auf. Am nächsten Tag fuhr ich zum Bahnhof um mir eine Fahrkarte und nach der Fahrzeit zu erkundigen. In zwei Tagen wollte ich fahren.Ich packte meinen Reisekoffer und Mutti stand mit traurigen Augen je daneben, und sagte: „Meinst du, dass du das Richtige tust?" Ich schaute sie an und sagte dann zu ihr: „Aber Mutti,was soll denn nicht Richtig sein?, ich werde doch je nur mein Kind dort zur Welt bringen weiter nichts. Du brauchst nur dein Einverständnis geben, da ich noch nicht Volljährig bin."

Gesagt getan, Mutti gab mir nächsten Tag den Brief mit dem Einverständnis, dass ich dort in Düsseldorf, mein Kind zur Welt bringen darf. Auch wünschte sie sich Monatlich einen Bericht über mich – wie es mir je geht. Meine Mutti, sie macht sich bestimmt umsonst, große Sorgen. Aber so sind nun die Mütter, für ihre Kinder immer nur das Beste.So wie meine Mutti, möchte ich später auch ein -mal sein. Meine Gedanken schweiften je ab nach Düsseldorf, morgen wird die Reise ins Ungewisse sein. Der Koffer war gepackt und Mutti versprach mit zum Bahnhof zu kommen. Ein bisschen mulmig war mir je schon, aber Mutti wollte ich es nicht zeigen. Sonst hätte sie keine ruhige Minute mehr, wenn ich fort bin. Und so sagte ich zu ihr: „Du glaubst mir ja nicht, wie ich mich freue. Nicht traurig sein, in fünf Monaten bin ich ja schon wieder bei dir.Ach, sagte da meine Mutti: „Ich habe ein Komisches Gefühl dabei, und werde es nicht los."

17

Am nächsten Morgen war es dann so weit. Nach dem Frühstück machten wir uns in einem Taxi, auf dem Weg zum Bahnhof. Der Zug war noch nicht da, und Mutti sah ich an, das es ihr je sehr mitnahm, dass ich sie nun verlasse. Der Zug fuhr nun langsam im Bahnhof ein. Wir verabschiedeten uns, mit Küsschen. Ich versprach, mich je sofort zu melden wenn ich in Düsseldorf je angekommen bin. Ich stieg ein und nach einer Weile fuhr der Zug langsam an. Wir winkten, bis von uns keiner mehr zu sehen war. Ich setzte mich ans Fenster und ließ meine Gedanken freien Lauf.

Düsseldorfer Hauptbahnhof, sagte eine Stimme aus einem der Lautsprecher. Ich nahm meinen Koffer und stieg aus. Zum Ausgang hin, hielt ich Ausschau nach einem Taxi. Ich stand eine Weile und je kein Taxi in Sicht. Also ging ich zum Wurststand und kaufte mir was zu essen denn plötzlich verspürte ich je Hunger.

Und wie das je so ist, ich hatte gerade mein Würstchen im Mund, als ein Taxi hielt. Schnell wickelte ich es in der Serviette und stieg in das Taxi. Wohin fragte er mich. Ich antwortete: „Zu dem Mädchen Wohnheim an der Königs -allee." Der Fahrer sah mich je an, als wenn er sich verhört hatte, sagte aber weiter nichts. In der Königstrasse hielt der Taxifahrer an. Ich bezahlte und stieg aus. Ein großes eisernes Tor lud zum Eintreten ein. Ich klingelte und kurz darauf öffnete sich das Tor. Eine Frau, in Schwesterntracht stand dahinter und forderte mich höflich zum Eintreten auf. „Guten Tag, sagte sie. Ich bin Schwester Heidi. Und sie sind bestimmt Melanie Sievert!" Ja,sagte ich und blockte gleich ab. Wir gingen ins Haus und nur ein paar Stufen hinauf. „Ich werde dir jetzt dein Zimmer zeigen und du kannst dann in Ruhe deinen Koffer auspacken." Um achtzehn Uhr gibt es je Abendbrot. Ich werde dich abholen,wenn es soweit ist."

Irgendwie fühlte ich mich unbehaglich. Ich stellte meinen Koffer auf mein Bett und fing an, die Sachen in einen kleinen Schrank einzuräumen.Ich war fast mit dem Einräumen fertig, als je ein lautes aber dezentes Glockengeläut erschallte. Ach, dachte ich und schaute auf meine Uhr, bestimmt Abendbrot, denn es war genau achtzehn Uhr. Und schon klopfte es an die Tür. Schwester Heidi steckte ihren Kopf herein und sagte: „Melanie, es ist Abendbrotzeit, können wir gehen? „ Aber sicher sagte ich, ich habe je auch schon mächtigen Hunger." Sie lächelte. Und ich fand sie einfach nett. Wir liefen einen langen Gang hinunter, bis zum Ende. Sie öffnete eine Tür und betraten einen riesigen je großen Saal. Mit vielen Tischen an denen Mädchen saßen und zu uns schauten. Schwester Heidi stellte mich vor: „Das ist Melanie Sievert und sie wird nun auch eine Weile bei uns bleiben, bis ihr Kindchen auf die Welt kommt.Alle klatschten,als Willkommen.

Die Tage und Wochen vergingen. Jede Woche rief ich Mutti einmal an. Mehr war einfach nicht erlaubt. Es war alles sehr eigenartig hier, aber davon erzählte ich Mutti je nichts. Ich musste später in der Wäscherei des Mädchenheims jeden Tag arbeiten, an der Mangel.Es war sehr anstrengend.Überhaupt,wenn es 30Grad draußen waren. In der Wäscherei lernte ich ein nettes Mädchen kennen, sie hieß Christine..Wir wohnten Wand an Wand, was ich erst später von ihr erfuhr. Wir zwei wurden jedoch richtige Freunde und vertrauten uns auch gegenseitig. Eines Tages sagte sie zu mir: „Melanie, du kannst dir nicht vorstellen,was alles hier abläuft." Sie schaute plötzlich sehr traurig aus.„Nun erzähl schon Christine, ich höre dir zu." Und Christine erzählte, meine Augen wurden immer größer, ich konnte es gar nicht fassen, was sie da alles zum Vorschein brachte.Und zum Schluss fing sie an zu weinen. Ich nahm sie in meine Arme um sie zu trösteten.

Christine hatte vor je vier Wochen im Düsseldorfer-Krankenhaus ein kleines Mädchen entbunden. Jetzt im Mädchen -heim darf sie plötzlich ihr Kind nicht sehen, weil sie die Arbeit, die man ihr auftrug verweigerte. Ich dachte mir im Stillen – na, das sind ja tolle Aussichten. Aber dann verwarf ich diese Gedanken.

Eines Nachts bekam ich starke Wehen. Ich klopfte an die Wand, wo Christine ihr Zimmer war. Es dauerte nicht lange und sie stand vor meinem Bett. Sie sah sofort was los war und klingelte nach der Schwester. Es dauerte eine Weile, bis die Schwester kam,es war aber nicht Schwester Heidi es war Schwester Dorit den wir alle, nur den Drachen nannten. Sie sah mich je an und sagte: „Ich ver -mute es ist soweit, zieh dich an,ich werde in der Zwischenzeit dir einen Krankenwagen rufen. Gesagt getan, Chris half mir schnell beim Ankleiden. Da kam auch schon der Krankenwagen.

Dann war es je soweit am 28.12 in der Früh, habe ich einen Sohn das Leben geschenkt.Und, mein Gott, er sah so süß aus. Ich gab ihn gleich einen Namen. Er sollte Hardy heißen.Christine kam mich am nächsten Tag besuchen, und erzählte mir allerhand Neuigkeiten, dann fragte sie mich: „Wann wirst du entlassen?" Ich sagte dann nach Überlegung: „Ich glaube in zwei Tagen." Ich wollte nicht länger im Krankenhaus bleiben. Genau am 2ten Januar wurde ich je von einer Schwester abgeholt. Im Mädchenheim angekommen,wurde erst mal mein Sohn bestaunt, mit den Worten: „Mein Gott, ist der süß." Was mich nun richtig stolz, als junge Mutti machte. Ich machte mich auf den Weg zu meinem Zimmer. Die Schwester folgte mir und meinte: „Aber nicht mit dem Säugling, wir haben hier eine Säuglingsstation." Ich glaubte mich je verhört zu haben und sagte: „Es ist mein Kind und ich werde es mit auf mein Zimmer nehmen."

Ich ging auf mein Zimmer, Christine begleitete mich – ohne meinen Sohn. Ich rief meine Mutti an und schilderte ihr alles, was hier drinnen los war. Ich hörte kein Wort – hatte sie aufgelegt?, nein, dann je ihre Stimme: „Ich bin Übermorgen da, habe bitte noch etwas Geduld, wo gibt es denn so was." Dann legten wir auf. Christine meinte: „Du hast aber eine gute Mutter. Ich werde dich heute Nacht verlassen, ich hoffe das es klappt. Ich halte es hier drinnen nicht mehr aus." Ich fragte sie darauf, wo sie hin will. Sie sagte: „Ich werde meinen Vater suchen, ich hoffe, dass ich ihn finden werde. Meine Mutter ist erst vor Kurzem verstorben und ich konnte noch nicht einmal zur Beerdigung." Ich nahm sie in den Arm und wünschte ihr alles Gute. Ich saß abends am Fenster und schaute je hinaus, denn ich wollte Christine noch einmal zuwinken.Da, sie kam, kletterte über den Zaun, über die Gleise, winkte mir zu.Und verschwand.

Ein paar Tage später las ich in der Kö-
Zeitung, von je einem Unfall auf den
Gleisen. Das eine junge Frau das Leben
kostete.Und es sich herausstellte, dass
sie aus dem nahen Mädchenheim kam.
Meine Hände fingen an zu zittern, eine
ungekannte Angst stellte sich in meinem
Körper ein. Ein Bild war hinzugefügt.
Ich musste zweimal hinschauen, um zu
begreifen, was ich sah. Es war je meine
einzige,Freundin, Christine.Ich legte die
Zeitung beiseite und weinte.

Es kam nun der Tag, wo meine Mutti
kommen sollte. Fieberhaft saß ich auf
meinem Bett und lauschte nach jedem
Schritt auf dem Flur. Da, waren da nicht
kleine tippelnde Schritte? Ich lief je zur
Tür, öffnete und fiel meiner geliebten
Mutti um den Hals. „Na, na, sagte sie,
nicht sentimental werden. Hast du auch
alles zurechtgelegt und gepackt, dann
können wir deinen kleinen Hardy holen,
die Papiere je fertig machen lassen und

mit dem Taxi zum Bahnhof fahren. Und dann in der Richtung, unserer Heimat, fahren." Etwas später sagte sie noch zu mir: Na, und nun, wer hatte Recht, als ich sagte, du solltest zu Haus bleiben!" Darauf wusste ich ihr natürlich keine Antwort zu geben. Aber für mich im Stillen sagte ich: Natürlich hatte Mutti Recht. Die Papiere waren nun fertig, je ausgestellt, einen gelben Impfpass für klein Hardy war nun auch schon dabei. Schwester Heidi bestellte uns ein Taxi, wir verabschiedeten uns dann von ihr, herzlich, und der Drachen Dorit sah uns vom Weitem je zu. Das Taxi kam wir stiegen ein und winkten nun Schwester Heidi je noch einmal kurz zu. „Wohin, darf ich Sie je fahren, meine Damen, fragte der Taxifahrer uns. Meine Mutti sagte: „So schnell es geht, bitte zum Bahnhof, wir dürfen unseren Zug nicht verpassen – was ja nun auch nicht mehr stimmte. Denn der Zug nach Berlin fuhr erst in einer guten Stunde ab.

Zu Hause angekommen, war nun Stress angesagt. Zuerst kam der kleine Hardy an die Reihe. Ausziehen, anziehen, dann trocken legen und die Flasche geben. Er wurde müde und ich legte ihn in sein Himmelbett, was ich selbst entworfen habe. Er schlief sofort ein. Ich ging in die Küche und setzte Kaffeewasser auf. Ich fand es herrlich wieder Zuhause zu sein. Ich hätte mir das alles ersparen können, wenn ich je auf meine Mutti gehört hätte. Ich rief nach ihr: „Mutti, der Kaffee ist fertig. Eine Ruhepause ist angesagt." „Ich komme, einen kleinen Augenblick noch." Als sie dann mit mir zusammen am Kaffeetisch saß, hatten wir viel zu erzählen. Und nach ein paar Tagen, stellte sich bei uns je wieder, der gewohnte Alltagstrott ein. Klein Hardy ist unser aller,ganzer Stolz. Meine Mutti liebt diesen kleinen Kerl abgöttisch und ich hatte auch gar nichts dagegen einzu -wenden.Auch sage ich es je wieder, zu Hause ist es doch am aller Schönsten.

Die Jahre vergingen wie im Flug und Hardy wurde vier Tage nach Weihnach ten, also Heute, nun schon fünf Jahre alt. Meine Mutti meinte: „Komm, ziehe den kleinen warm an und wir gehen für Hardy ein Geburtstagsgeschenk kaufen. Mal sehen was er sich so wünscht. Nun, gesagt getan. Bei Hertie fuhren wir mit den Fahrstuhl bis zur Kinderabteilung, für Spiele, und stiegen dann aus. Beim Aussteigen sah ich schon, wie Hardy seine Augen strahlten. Er lief von einem Tisch zum anderen. Mutti sagte zu ihm: „Nun mein Kleiner, such dir etwas aus, was du sehr gern haben möchtest."Und schnell steuerte direkt auf einen großen Dinosaurier zu. Mutti schaute auf Hardy und sagte: „Ja, der ist schön, guck mal, der kann seine Zunge raus strecken und bewegen. Ja, den nehmen wir." Auf dem Weg nach Hause sah Mutti auf mich und sagte: „Schau Mal, wer da ist, der Fensterputzer Jürgen, der ein Auge auf dich geworfen hat und lächelte."

Kurz nach dem Frühstück, zog ich dann Hardy an und wir machten uns auf dem Weg zum Kinderspielplatz. Mein Sohn lief sofort mit Eimer und Schippe auf dem Buddel-Kasten zu. Ich nahm meine Zeitung aus dem Kinderwagen,wollte die Schlagzeilen lesen, als mich Jürgen der Fensterputzer ansprach. „Hallo, wie geht es Ihnen?" „Oh, sagte ich, mir und meinen Sohn geht es gut und Ihnen?" Er sagte nach einer Weile: „Ich habe jetzt gerade Frühstückspause. Darf ich Ihnen einen Kaffee anbieten?" „Das ist nett, aber reicht es dann noch für Sie, der Tag ist lang.Wir unterhielten uns,als kannten wir uns schon eine Ewigkeit.Die Stunde war schnell vorbei und er fragte beim Abschied: „Darf ich Sie wiedersehen, Fräulein Melanie Sievert?" Ich konnte nur nicken,ich brachte keinen Ton raus, so aufgeregt war ich.Ich rief nach Hardy und musste ihn erst einmal je von dem Sand befreien.Später dann, machten wir uns langsam auf dem Heimweg.

Jürgen und ich sahen uns nun schon fast regelmäßig. Eines Tages sagte Mutti zu mir: Na, meine Kleine, es sieht so aus, als ob es mit euch Ernst ist." Ich natür -lich, wollte nun abblocken und meinte: „Solange kennen wir uns ja auch wieder nicht, um zu sagen, dass es je Ernst ist, oder wird." Wir werden je erst einmal abwarten dachte ich im Stillen, wie sich alles entwickelt.Eines Tages kam Jürgen zu uns nach Hause und fragte mich nun: „Meine Mutter hat dich heute um 15zen Uhr zum Kaffee eingeladen, natürlich bin ich auch je anwesend. Du brauchst keine Angst zu haben." Irgendwie hatte ich dabei ein komisches Gefühl, in der Magengegend. Pünktlich, holte mich Jürgen von zu Hause ab. Unterwegs, in einem Blumenladen kaufte ich je noch einen Strauß Orchideen, für seine Mutti. Angekommen schloss Jürgen die Tür auf und rief: „Mutter wir sind da." Kurz darauf kam Frau Boschee und begrüßte mich mit einem freundlichen Lächeln.

Der Nachmittag bei Jürgen seiner Mutti verlief eintönig. Ich weiß nicht, es störte mich was an ihr, es war alles so kalt, so unpersönlich,die Frau hatte irgendetwas an sich,was mich auf Abstand hielt. Und dann hörte ich, wie sie sich mit Jürgen, in der Küche unterhält: „Warum willst du die denn unbedingt haben wollen, und dann noch mit Kind. Ich heiße es nicht für gut." Das letzte hörte ich je schon nicht mehr, denn ich stand auf und ging ohne ein Wort. „Nanu, sagte Mutti, schon wieder da. Und ich sagte: „Ich muss dir erzählen, was ich gehört habe." Und zum Schluss sagte sie: „Ja, aber dafür kann doch der Sohn nicht, was die Mutter je gesagt hat. Ich sagte: „Doch das färbt bestimmt später je ab, wenn sie ihn weiterhin so zusetzt. Dann war das Thema abgeschlossen und wir sprachen nicht mehr davon.Am Morgen des Tages klingelte Jürgen, ich gab ihr Bescheid, dass ich ihn nicht sehen will. "Tut mir leid Jürgen, sie kommt nicht."

Nach einem viertel Jahr trafen wir uns zufällig beim Bäcker. „Guten Morgen Melanie wie geht es dir, ich habe je nur eine Frage, warum warst du den Tag so schnell verschwunden, ich wollte dich überraschen hatte den Verlobungsring in der Tasche und wollte dich fragen, ob du meine Frau werden möchtest. Als ich das je hörte war ich baff. Ich sagte ihm, dass ich es gehört hatte,was seine Mutti zu ihn sagte. Und er sagte zu mir: „Was hat denn meine Mutter mit uns zu tun." Ich sagte zu ihn, „ich brauche Zeit, dass geht nicht so,von Heute auf Morgen. Er gab mir Recht, wir verabschiedeten uns. „Bis zum nächsten Mal, rief er mir nach nach dann gingen wir unsere Wege.

Nun waren wir je schon ein halbes Jahr verlobt.Und einen Termin zur Hochzeit haben wir auch schon am 26.11ten. Wir waren glücklich wie am ersten Tag. Die Mutter blieb der Verlobungsfeier jedoch fern. Nicht mal eine Karte von ihr.

Aber das störte mich je nicht,nur Jürgen
sah in letzter Zeit so traurig aus. Aber er
sprach nie darüber.Auf Wohnungssuche,
fanden wir eine sehr schöne 3Zimmer-
wohnung mit Balkon. Jürgen, er tat mir
gut,und ich war glücklich.Er sorgte für
uns und meine Mutter mag ihn auch gut
leiden. Eines Tages im Mai merkte ich,
dass je meine Tage ausblieben und ich
ging zum Arzt. Dr. Kühbauch sagte je
nach der Untersuchung: „Ja, liebe Frau
Sievert Sie sind bald im vierten Monat
schwanger." Nun, meine Begeisterung
hielt sich in Grenzen. Als Jürgen von
der Arbeit nach Hause kam, überbrachte
ich ihm die Nachricht. „Das ist doch gut
wir kommen doch gut über die Runden,
oder nicht?" „Ja, doch, du bist ein sehr
fleißiger Mann." Und im Stillen gab ich
mir je Recht. Die Tage und Wochen sie
vergingen wie im Fluge und der Hoch
-zeittermin rückte näher,und ich wurde
immer runder. Mutti ging mit mir ein
Zweiteiliges Kleid mit Falten kaufen.

Unsere Hochzeit war so wunderschön, meine Mutti hatte auch eine Köchin für uns kommen lassen – Frau Schibilski – Mutti kennt diese Familie jetzt schon jahrelang. Essen wie im Hilton. Alles war perfekt. Nur Jürgen seine Mutter fehlte, es kam nur eine Karte von ihr. Die Hochzeitsnacht mussten wir jedoch verschieben, weil in der Nacht je zum 27ten, langsam die Wehen einsetzten. Mutti war noch bei uns, als Jürgen den Krankenwagen rief. Sie blieb bei Hardy. In rasanter Fahrt ging es nun zum Urban Krankenhaus. Dann ging auch alles sehr schnell. Jürgen wurde, mit dem Bericht der Schwester, nach Haus geschickt, da sie meinte, es würde bestimmt noch ein paar Stunden dauern, bis das Kind das Licht der Welt erblickt. Bedrückt ging Jürgen nach Hause. Meiner Mutter hatte er berichtet,was die Schwester ihm je gesagt hatte, dass es je noch Stunden dauern könnte,bis das Kind auf die Welt kam. Mutti setzte Kaffeewasser auf.

In der Nacht erblickte unser Sohn Andy das Licht der Welt. Ein kleiner, dicker, Wonneklops. Jürgen war sehr stolz auf seinem Sohn. Nach einer Woche konnte ich das Krankenhaus wieder verlassen. Jürgen sorgte für seine Familie, er nahm je noch extra Aufträge an. Putzte für die großen Hotels, wie Steigenberger. Und doch,er tat mir mir im Winter immer so leid, seine Hände waren so kaputt, Rot, aufgeplatzt,er schlief mit Verband, jede Nacht, damit er am anderen Morgen je wieder Arbeiten kann. Es wurde Früh- und seine Hände konnten sich erholen.

Eines Tages ging ich mit Kinderwagen und Hardy, zum Kinderspielplatz. Auf dem Weg je dorthin, kam ich an einer Litfaßsäule an. Ein großes Plakat von der BVG – Berliner Verkehrs Betriebe. Sie suchten Mitarbeiter für den Schicht -dienst als Fahrscheinverkäufer.Und bei Einigung zum Zug-Abfertigen und Zug-Fahrer. Das wäre doch etwas für Jürgen.

Am späten Nachmittag setzte ich mich hin und schrieb eine Bewerbung bei der BVG für meinen Mann.Im Stillen hoffte ich, dass sie sich per Post melden. Eine Telefonnummer habe ich natürlich nicht angegeben. Es sollte ja für Jürgen eine Überraschung werden. Ich schaute fast jeden Tag in den Briefkasten. „Nichts." Mutti habe ich davon erzählt, und sie meinte: „Das war ja von dir eine Super Idee. Ich wünschte, dass es doch klappt, schon im Winter, wieder seine Hände so kaputt. Ich würde mich für ihn freuen." Aber es kam keine Post von der BVG. Als ich schon gar nicht mehr daran dachte, war eines Tages der je ersehnte Brief im Briefkasten.Ich las ihn schon im Hausflur, da Jürgen schon Zuhause war. Es sollte es nicht wissen, falls eine Absage darin zu lesen war. Mit zittern -den Fingern machte ich das Kuvert auf und las. Keine Absage, ein Vorstellung Gespräch.Ich ging nach oben und gab ihm den Brief. Er staunte nicht schlecht.

„Das hast du für mich getan, Liebling!"
„Ja, sagte ich, mir tat es immer weh, als ich immer im Winter je deine kaputten Hände sah. Und das war je die Lösung, von der BVG.Jürgen nahm mich in den Arm und küsste mich zärtlich.„Ich liebe dich, mein Liebling und Danke, dass du das für mich getan hast. Das ist je die größte Überraschung, die ich je erlebt habe, ich freue mich riesig. Mutti freute sich mit uns.

Heute war der Tag der Entscheidung. Es klappt – oder es klappt nicht. Jürgen ist jetzt schon vier Stunden fort.Ich saß wie auf Kohlen.Da ein Schlüssel im Schloss ich lief zur Tür, Jürgen machte ein sehr trauriges Gesicht. Da sagte ich zu ihm: „Nimm es nicht so schwer, wir werden schon noch was anderes für dich finden. Er lachte und zeigte mir einen Brief. Er sagte: „Für alles auf der Welt, danke ich dir, mein Liebling. Es hat geklappt ich wurde angenommen, er lachte mich an, und nahm mich in seine Arme. Auch ich war glücklich. Sofort rief ich Mutti an, ich berichtete ihr, dass Jürgen Bei der BVG Erfolg hatte und angenommen wurde. Das erste halbe Jahr war er Fahr -scheinverkäufer,danach Abfertigen der einfahrenden Züge.Und zum Schluss, jetzt ist er Zugfahrer der Linie 1. vom Kottbusser Tor bis nach Spandau. Drei Jahre sind in der Zwischenzeit, jetzt nun vergangen. Ich war mächtig Stolz auf meinem Mann und er auch auf mich.Er sagt es mir immer wieder, wie stolz er auf mich ist und was ich für ihn getan habe.Eine Einladung kam von der BVG. Weihnachtsball am..." Mein Gott, was ziehe ich nur an.Wir gingen mit Mutti, als Beraterin Einkaufen bei Hertie. Mit dem Lift fuhren wir bis nach oben. Hier waren wir richtig.Ballroben und Anzüge stand da.Mein Gott,war das ein Gesuche bis wir das Richtige gefunden hatten. Mutti als eine gute Beraterin. Wir sahen darin aus, wie aus einem Modekatalog.

Die Jahre vergingen, man wurde älter und man veränderte sich. Jedenfalls mein Mann Jürgen. Hardy und Andy wurden Eingeschult.Ich bekam noch, so einen kleinen Nachzügler, eine kleine süße Tochter, Manu. Sie war so süß. Ich Strickte und Häkelte für meine Kinder die schönsten Sachen. Aber mein Mann interessierte das alles nicht. Wir lebten uns bald auseinander. Er beachtete die Kinder nun fast gar nicht. Eines Tages bin ich durchgeknallt,ich verließ meinen Mann und reichte die Scheidung ein. Meine Kinder wurden vom Jugendamt in je ein Kinderheim untergebracht. Ich sagte öfter zu mir: „Das soll es gewesen sein, all die Jahre?" Keiner sah, meine vielen Tränen, die ich je in der Nacht weinte, bis ich einschlief. Die Kinder, sie waren die Leidtragenden. Ich habe die Hoffnung nie aufgegeben das ich sie einmal wiedersehen werde.Und wieder vergingen je Tage, Wochen, Monate.Die Scheidung lag schon ein Jahr hinter mir.

Ich hatte nun eine Wohnung in der Kant
-straße im 3ten Stock. Klein aber schön.
Aber von was, sollte ich die Miete nun
bezahlen? Also ging ich zum Sozialamt.
Es war je nicht sehr schön, da zu sitzen
und angestarrt zu werden. Aber man
hatte keine großen Sorgen, Miete, Essen
usw. Aber leisten konnte man sich gar
nichts. Man darf keine Wünsche haben.

Im Hause, wo meine Wohnung lag, war
unten ein kleiner Imbiss. Wenn ich mal
Appetit hatte, auf eine Wurst, ging ich
ins „Helgas kleiner Imbiss" hinunter.Ich
konnte mich mit Helga gut unterhalten.
Wir kennen uns jetzt bald ein halbes
Jahr.Sie erzählte mir,dass sie drei Söhne
hat. Einer, der älteste ist bei der Armee,
aber bald kommt er je nach Hause und
bleibt dann für immer.Ich dachte wieder
an meine. Aber mit Helga sprach ich nie
darüber.Sie fragte mich nie nach meiner
Vergangenheit.Und das fand ich einfach
toll von ihr. So brauchte ich nicht lügen.

Eines Abends, ich fühlte mich so allein, so einsam und je verlassen. Ich hatte ja noch nicht Mal ein Radio weder einen Fernseher. Aber das kommt je noch, es wird zwar noch dauern, aber man hat ja Zeit. Ich zog mich an und ging runter zu Helga. „Guten Abend Helga, sagte ich. Dann sah ich an einem Tisch, je einen jungen Mann stehen. „Ach, sagte Helga, darf ich dir meinen lieben Sohn, Chris, vorstellen. Er ist vor einer Stunde, von der Armee hier bei mir je eingetroffen," und jetzt bleibt er nun immer hier." Ich wandte mich Chris zu. „Ihre Mutti freut sich sehr, dass Sie hierbleiben wollen." Und wir unterhielten uns, über Gott und die Welt und merkten nicht, wie die Zeit vergangen war. „So, sagte Helga, ich werde den Laden je schließen und wir können noch zusammen einen Kaffee trinken." Wir zwei waren einverstanden. Der Kaffee tat gut. Ich konnte ihr nicht sagen, dass ich keine Kaffeemaschine besitze. Was sollte sie von mir denken.

Eines Tages klingelte es je Sturm an meiner Wohnungstür. Ich ging öffnen und erstarrte, vor mir stand Chris und auf dem Arm hatte er einen Fernseher. „Wo, willst du denn damit hin? „Meine Mutter ist noch nicht da, aber der Fernseher ist für dich. Bei unserem gestrigen Gespräch mit den Nachrichten, habe ich je festgestellt, dass du keinen Fernseher besitzen tust. Denn die Nachrichten, wo nach ich dich fragte, waren falsch, und was du sagtest, die waren von voriger Woche. „Nun, komm erst einmal rein. Er kam rein und blieb die ganze Nacht. Es war die schönste Nacht in meinem Leben. Das erste Mal fühlte ich mich wieder als eine Frau.Wir waren beide fest zusammen das freute auch Helga. Ich weiß auch nicht, wie ich darauf kam Chris zu fragen, wie alt er sei. Er sagte: „Ich,bin 33Jahre und du 45, na und," das sind nur Zahlen, ich sehe darin kein Hindernis,dass wir zusammen sind.Man sieht es uns nicht an der Nasenspitze an.

Nun, musste ich doch lachen, er war je, einfach genial.Und wir freuten uns, dass wir zwei,uns gefunden haben.Ich war in meinem Leben, dass erste Mal richtig glücklich und zufrieden. Ein Jahr später zogen wir gemeinsam in eine 2Zimmer Wohnung im Dachgeschoss mit einer Terrasse. Und natürlich in der Nähe von Helga.Meine freute sich mit uns und ich hatte das Gefühl, dass sie Chris sehr, sehr gern hatte.Aber ich wusste auch, dass ihr der Altersunterschied zwischen uns Sorgen machen könnte. Aber davon wollte ich nichts wissen, bis jetzt noch nicht. Die Jahre flogen dahin. Wir sind jetzt schon 7Jahre zusammen und sehr glücklich. Aber irgendwie störte mich jetzt der Altersunterschied. Ich gehe auf die 53zig zu.Gut, man sieht mir mein Alter nicht an. Aber Chris ist je in den besten Jahren, um eine Frau zu finden und je, eine Familie zu gründen. Ist es nicht besitzergreifend von mir? Soll ich ihn freigeben, meine große Liebe?"

Ich gab ihn frei, aber Hardy fand es je nicht gut.Er verlor einen guten Kumpel, wie er mir sagte. „Das, kannst du nicht machen, ich denke du liebst ihn!" Er hatte ja Recht, aber ich hatte mich je entschieden. Ich zog heimlich still und leise aus. Ich hatte weiter weg, eine sehr kleine Wohnung gefunden. Aber für mich reichte es je aus. Das Haus hatte sogar einen Fahrstuhl. Natürlich wusste auch,dass Chris mich auch Mal suchen würde.Und wieder hatte ich das Amt im Rücken. Aber ich brauchte mir keine Sorgen zu machen. „Meine Einsamkeit" Ich kaufte mir einen kleinen Hund. Ich taufte sie Tinka. Man sollte es je nicht glauben, sie verstand jedes Wort, war ich traurig wich sie nicht von meiner Seite.Aber ich muss sagen, es war nicht als Ersatz zu denken, dass ich Chris nun dadurch vergessen möchte. Ich konnte Chris nicht vergessen,denn meine Liebe zu Chris kann keiner ersetzen. Das habe ich gedacht. Aber es kam alles anders.

Nun wohnte ich schon je zwei Jahre in meiner neuen Wohnung. Von Chris habe ich nichts gehört, weder gesehen.Er ist bestimmt schon verheiratet dachte ich. Komisch, dass ich noch immer an ihn denken musste. Na ja,er war eben meine einzige große Liebe.Ich hoffe, dass es ihm gutgeht. Ich ging zum Fenster und schaute zur Straße auf dem gegenüber liegenden Parkplatz. Nanu, dachte ich, kein Auto stand da. Aber viele Leute, die Tische und Bänke aufstellten. Ich wurde neugierig und schnappte mir je Tinka und fuhr mit dem Fahrstuhl nach unten. Auf der je gegenüberliegenden Seite fragte ich jemanden, was hier los wäre. Der nette alte Herr sagte: „Hier, es wird ein Straßenfest, von der Auto Firma hinter uns. Ich bedankte mich und ging weiter um mich,umzusehen. Es wurden Musikboxen auch noch auf gestellt. Na, dachte ich, dass wird ja viel leicht ganz Lustig werden.Ich werde je später hingehen, aber dann ohne Hund.

Es wurde schon etwas dunkel und auf dem Parkplatz gingen die Lichter an. Ich gab Tinka je noch ein Leckerli und ging nach unten. Ich hatte mir 5Mark mitgenommen, mehr kann und darf ich nicht ausgeben.Ich ging je zum Kaffee - Stand und bestellte mir einen großen Cappuccino einen Keks gab es umsonst noch dazu. Ich schaute mich um, dann eine Stimme hinter mir: „Ist hier noch frei, darf ich mich hier zustellen?" Es stand ein großer schlanker Mann vor mir. „Aber sicher doch, sagte ich, es steht doch kein Name dran." Er lachte. Wir unterhielten uns, als kannten wir uns schon länger. „Ich wohne hier in der Nähe. Und Sie?",,Ich auch sagte ich und zeigte nun je nach Oben zu meinem Fenster. „Und ich dort, um die Ecke,und zeigte mit dem Finger,neben dem Auto-Haus. Ich sah ihm an, dass er je einen Kummer mit sich herumträgt. Wie es so meine Art ist, fragte ich ihn einfach Mal danach. Und er erzählte mir sein Leid.

Wir trafen uns fast regelmäßig. Gingen mit dem Hund spazieren, oder gingen in ein Restaurant um zu speisen. Nun war es an der Zeit, dass ich ihm nun meine Geschichte erzähle. Ich erzählte ihm je alles. Irgendwie hatten wir auch keine Geheimnisse voreinander. Eines Tages sagte er zu mir: „Ich habe Heute meine Scheidung eingereicht. Ich sagte nichts darauf.Was war das, ich musste an Chris denken. Ich verwarf je schnell den Gedanken wieder. Ob er, gerade je an mich dachte? Ich wusste es nicht und wandte mich wieder Wölfi zu. „Wir sind Morgen bei meiner Mutter einge -laden und sie möchte dich auch Mal kennenlernen. Dann erzählte er mir,dass seine Mutter reich ist.„Darum hat meine Frau mich auch nur geheiratet, weil sie es wusste. Aber das ist ja bald alles vorbei. Dann fängt für mich jedeoch ein Neues Leben an. Oder es kann ja auch sein, dass für uns zwei, ein „Neues", sehr schönes, Leben anfängt?" Oder?"

Ich wusste darauf noch keine Antwort. Am Wochenende fuhren wir zu seiner Mutter nach Reinickendorf. Unterwegs kaufte ich je noch einen Blumenstrauß. Wölfi meinte, ich soll mein Geld sparen und gab mir das Geld für die Blumen wieder zurück. Ich wusste genau, dass er sich auch Gedanken machte, denn er wusste ja, dass ich vom Amt lebe. Wir waren je angekommen. Wölfi klingelte. Es öffnete eine sehr elegant gekleidete ältere Dame und begrüßte uns herzlich. „Kommt nur rein, in die Gute Stube.Sie sind also Melanie,hübsch sehen Sie aus. Der Kaffeetisch war schon gedeckt. Wir unterhielten uns über viele Sachen, auch über Wölfi seine Scheidung. Sie sprach zu ihm: „Ich werde mit dir Morgen zu einem Mobilhändler fahren,Sie Melanie können ruhig mitkommen, nun wieder zu Wölfi gewandt. „Ich werde dir dann ein Wohnmobil schenken, dann hast du eine eigene Unterkunft und brauchst je nicht mehr, bei deiner Frau zu wohnen.

Ich war je sprachlos und Wölfi drückte seine Mutter die rief: „Nun lass mich doch je bis Morgen,wenigstens noch am Leben." Wir mussten alle drei lachen. Es wurde ein schöner Nachmittag und auch ein sehr schöner Abend.

Am anderen Tag. Wölfi holte mich ab und wir fuhren zum Auto-Haus Müller. Ich staunte. Es waren je die schönsten Autos die ich je gesehen hatte. „Nun, mein Sohn, suche dir je eins aus, aber schaue nicht auf den Preis. Und ich staunte, als er zu seiner Mutter sagte: „Ich möchte, dass Melanie es aussucht, ich hoffe, du hast nichts dagegen. Mir stockte das Blut in den Adern. Und die Mutter meinte: „Es wird dein Auto sein, du kannst entscheiden. Aber ich finde es sehr nett, denn ihr sollt ja auch beide davon etwas haben." Ich ging wie eine Schlafwandlerin durch die Gänge der Autos. Eines hatte ich in Aussicht, aber ich ging weiter. Wölfi meinte: „Wollen wir das silberne nun neben, es gefällt mir sehr gut. Und es hat auch alles,was man so braucht, alles ist vorhanden.Ich sagte: „Hast du auch den Preis gelesen, 70.000 DM, das ist doch der Wahnsinn. „Nein, sagte er, dass ist toll. Wir werden überall hinfahren und ich zeige dir das andere, Neue Schöne Leben." Wölfi's Mutter bezahlte und wir stiegen ein und fuhren zu einem Restaurant um auf das Neue Auto anzustoßen, mit Coca-Cola versteht sich. Seine Mutter gab ihm je noch eine Menge Scheine und meinte: „Das ist für Euch beide, je zum Tanken und wenn ihr zwei je wegfahren wollt. Wölfi hat ja den Samstag und Sonntag nur frei. Morgen muss er schon wieder arbeiten. Wölfi war LKW Fahrer über Land. Aber später sagte er einmal zu mir: „Ich werde die Fernfahrten später doch Mal aufgeben. Ich hatte es früher nur angenommen, dass ich nicht bei der Frau, am Tag und die ganze Nacht, am Wochenende, bei ihr bin." Ich nickte.

Wie die Zeit vergangen war. Ich lebte wie im 7ten Himmel. Wir fuhren je mit dem Wohnmobil bis nach Amerika wo die Raketen zum Mond flogen. Wir drei waren auf einem Biker Fest wo nun, die Motorräder mit Flugzeugbenzin starten. Es war alles so Neu und Aufregend für mich. Aber schön. Eines Tages beim Kaffee, sagte Wölfi: „Meine Kleine, wir sind jetzt schon zwei Jahre zusammen, und nun möchte ich dich fragen. „Willst du mich Heiraten?" Mir fiel die Tasse, die ich gerade in meiner Hand hielt zu Boden. Wölfi sagte: „Du musst doch nicht gleich alles wegwerfen. Du kannst ja nur ja oder nein sagen." „ Ich sagte: „Ja, ja, ja, sagte ich, denn ich liebe nur Dich." Am nächsten Tag gingen wir zwei zum Standesamt und bestellten das Aufgebot, im Nov.1983 sollte dann die Hochzeit sein. Doch zuvor ich hatte gar keine Ahnung,fuhr er mit mir nach Bork -walde. Vor einem hübschen Haus mit Wald und Garten blieb er je stehen und meinte: „Das mein kleiner Liebling, ist unser Neues Zuhause. Ich fand je keine Worte. „Morgen ziehen wir hier ein, du musst noch alles einpacken und nichts vergessen. Er nahm mich in seine Arme und küsste mich zärtlich. Ich war so glücklich, dass ich jetzt mit der Angst.... „Was hast du, du sagst ja nichts." „Ich kann gar nichts sagen, denn ich bin so glücklich." Und ich überlegte: „Kann man nur glücklich sein. Wölfi schloss auf und gingen hinein. Ich sagte: „Es ist wunderschön, aber woher wusstest du das ich gern in einem Haus wohnen möchte?" „In deinen Erzählungen von früher." Wölfi verschoss die Tür und fuhren in Richtung nach Hause. In der Wohnung überschlug ich mich fast. Die Kündigung, für diese Wohnung und...." Als ich mit alles fertig war, ist es schon nach Mitternacht. Schade dachte ich für Tinka wäre es schön im Garten. Aber es muss jeder Mal im Leben gehen. Um kurz vor Acht Uhr klingelte Wölfi.

Er war bestens gut gelaunt und ich war müde. Nun angekommen in Borkwalde machten wir uns an die Arbeit, es gab sehr viel zu tun. Lüften, Saubermachen, und vieles mehr. Aber wir hatten alles gut im Griff wir zwei. Wir waren je ein gutes Team.Dann stand unsere Hochzeit an. Es kam nur einer von den Kindern zur Hochzeit und das war Hardy. Es hat mich sehr gefreut ihn zu sehen. Dann fing der Alltags Trott wieder an. Wölfi kam eines Tages mit ein kleines Auto nach Hause und sagte zu mir: „Ich habe das Wohnmobil verkauft und habe noch 60.000 je dafür bekommen, die können wir jetzt gut gebrauche." Wie Recht er doch hatte. Aber wir haben ja nun ein Auto und das ist gut. Wölfi ging seiner Arbeit nach, aber nur hier in Berlin. Er machte je keine Fernfahrten mehr. Ich brauchte nicht Arbeiten, Wölfi meinte: „Es gibt auf einem Grundstück genug zu tun.Und ich weis,dass du viel Freude daran haben wirst. Wie Recht er hatte.

Haus und Garten wurden ein Schmuck-Stück.Ich pflanzte Hunderte von Rosen, ein Koi Teich 8X3 Meter und viele von Staturen. Dann bestellte ich mir Steine, Altstadtpflaster, und fing an zu arbeiten. Wölfi staunte nur. Eines Tages, je beim Kaffee, fragte mich Wölfi: „Wir haben ein großes Grundstück mit einem Wald, möchtest du nicht wieder einen Hund?" Ich konnte nichts sagen, natürlich hätte ich gern einen Hund,aber ihm zu fragen, traute ich mich auch nicht. „Na, was ist nun, ja oder nein." Ich sagte: „Ja!" Und das ich auch schon lange den Wunsch hatte.Das Thema war je beendet und wir sprachen auch gar nicht mehr darüber. Zwei Wochen später, es war nun je ein Wochenende, meinte Wölfi, dass er je noch Mal nach Berlin müsste. Sein Chef hatte je einen sehr wichtigen Auftrag vergessen. Ich ließ mir meine Enttäusch -ung nicht anmerken. Nun gut Berlin ist auch nicht gleich um die Ecke. „Ich eile in 4 Stunden, bin ich wieder bei dir.

Am späten Nachmittag klingelte es vorn am Gartentor. Ich dachte, wer sollte es denn sein, keiner wusste bis jetzt wo wir wohnten. Ich ging nach vorn, um zu öffnen. Ich traute meinen Augen nicht. Da stand Wölfi und mit ihm, ein weißer Schäferhund. Ein Gedicht je von einem Hund. Ich öffnete das Tor und fiel ihm um den Hals. „Wölfi, ich konnte weiter nichts sagen, Wölfi... „Nun lass uns erst Mal rein." „Ich sehe du freust dich, dass ist gut so, also habe ich doch, alles, richtig gemacht." Ich sagte zu ihm: „Wo hast du sie denn her, wie ich sehe, ist es eine Hündin. Er antwortete: „Ich hatte sie bei einem Züchter in der U.S.A., je bestellt. Sie kam direkt aus Amerika. Ich sagte: „Sie ist wunderschön und ich werde sie Sanara taufen. Ich holte zwei Gläser und eine kleine Flasche Sekt, wir stießen an und den Rest bekam sie über ihren Kopf. Wir mussten beide lachen, wie dumm sie schaute. Ich streichelte sie und nannte dann, ihren Namen.

Wie die Zeit verging. Wir wohnten nun schon fünf Jahre in unserem Häuschen in Borkwalde. Und es war Winter. Eines Tages ging ich mit Sanara in den großen Wald, außerhalb des Grundstücks. Ich ging nicht gern dorthin, weil ich wusste, dass es dort je viele Wildschweine gab. Nun, eines Tages, kam sie nach mein Rufen, nicht zu mir zurück. Ich lief mit Wölfi den ganzen Wald ab. Entweder man hat sie gestohlen oder die vielen Wildschweine...", ich durfte, nun nicht darüber, zu Ende denken.

Der Winter war vorbei,es kam der April. Ich merkte, dass mit Wölfi irgendetwas nicht stimmte,denn er hatte sich krank-schreiben lassen.Und das war nun schon sehr ungewohnt für mich. Denn er hatte immer gern gearbeitet, auch wenn es für seine Kollegen je ungewohnt war. Sie meinten: „Wölfi, man kann doch nicht nur arbeiten, man muss doch mal krank machen können." Er sagte nichts darauf.

Ich wusste nicht,was mein Wölfi hatte, er sagte mir auch nichts.Aber ich fühlte, dass es irgendwie mit ihm Bergab ging. Das nächste Mal, ging ich mit zum Arzt. Aber der Arzt meinte er müsse sich im Krankenhaus Mal richtig untersuchen lassen und er schrieb eine Überweisung. Am nächsten Tag fuhr Wölfi,ohne mich, zum Krankenhaus. Er wollte auf keinen Fall,dass ich mitkam und meinte: „Mein kleiner Angsthase, du brauchst auf mich nicht aufzupassen, Sorgen brauchst du dir auch nicht zu machen." „Auch bin ich bald wieder zu Hause." Aber mein Wölfi kam nicht. Spät am Abend rief ich im Krankenhaus an und verlangte einen Arzt, der für die Untersuchung meines Mannes zuständig gewesen war. Ich gab Name, alle Daten sowie unsere Anschrift durch. Es war genau 22Uhr, als sich das Krankenhaus je endlich meldete. „Guten Abend, hier ist Doktor Brost, ich soll Ihnen einen Gruß von ihren Mann ausrichten, dass er je schon

Unterwegs und auf dem Heimweg ist.Er kommt mit einem Krankentransport." „Aber, was ist denn je passiert – es ist aufgelegt worden. Kurz vor Mitternacht klingelte es und ich sah,Wölfi stieg aus dem Krankenwagen.Und Wölfi,sagte zu dem Sanitäter noch Danke und der fuhr wieder Richtung Krankenhaus.Dann sah ich, dass Wölfi am linken Arm einen dicken Verband trug. „Was ist das,fragte ich ihn. Er gab zur Antwort: „Es ist nun nicht der Rede wert.Bei der gründlichen Untersuchung hatten sie ein kleines Geschwür entdeckt und gleich operiert. Es wurde gleich eingeschickt. Aber er verschwieg ihr, dass sie auch gleich den Daumen mit entfernt hatten.Man konnte es auch nicht sehen, weil der Arzt eine kleine Rolle Mullbinde als Finger einge -arbeitet hatte. Er hatte je den Wunsch geäußert,sie sollte ja nicht gleich sehen, was passiert ist. „Nun, sagte er zu ihr, es ist sehr spät geworden, lass uns schlafen gehen und küsste sie auf die Stirn.

Am anderen Morgen je beim Frühstück, unterhielten wir uns, über den gestrigen Tag. Es wurde auch ein sehr langes und unschönes Gespräch.Und was Wölfi mir berichtete machte mich fassungslos und traurig. Es wurde je Krebs am Daumen festgestellt, noch wissen sie nicht, was für ein Krebs es je sein könnte. In einer Woche würde er Bescheid bekommen. Die eine Woche wollte nicht vergehen, ich saß wie auf Kohlen. Und dann endlich der Brief. Es war ein ganz normales Geschwür. Sollte ich das glauben?" Wir suchten uns einen Arzt je zur Weiterbehandlung. Es war eine Ärztin. Die Frau Doktor Wunder gab uns einen Rat: „Es wäre besser, wenn je der Arzt und ein Krankenhaus für ihren Mann in deren Umgebung ihrer Wohnung wäre." Denn Borkwalde ist ziemlich weit entfernt, wenn Mal etwas sein sollte, was keinen Aufschub duldete. Was sollte das denn alles, konnte mir denn keiner auch Mal eine Richtige Auskunft geben?"

Heute war unser 25zigter Hochzeitstag. Wir gingen in Borkwalde im Gasthaus um ein bisschen zu feiern. Aber es will keine, je lustige Stimmung aufkommen. Wir besprachen, dass wir uns nun eine 3Zi.Wohnung in der Nähe, von einem Arzt und Krankenhaus suchen würden. Es wurde trotz alledem für uns beide, ein besinnlicher schöner Abend.

Nach dem Frühstück schaltete ich den Computer ein und suchte nach Hausverwaltung und Wohnungen, in Belzig, wo ein Krankenhaus in der Nähe war. Ich fand eine Hausverwaltung, Bo Wo Lo. Ich rief sofort an, und dort versicherten sie mir, eine 3Zimmerwohnug, in der Mark - Str. Wir müssten nun, aber dann sofort vorbeikommen, Ausweis und die erforderlichen Unterlagen mitbringen. Als Wölfi vom Arzt kam, gab ich mein Bericht, was ich heute alles geschafft hatte, an ihm weiter. Er sagte nur: „Ich weis, dass ich eine schlaue Frau habe.“

Es fiel mir sehr schwer Borkwalde zu verlassen und Wölfi erging es je nicht anders. Von der Hausverwaltung hatten wir den Mietvertrag in der Tasche. Jetzt mussten wir packen. Ein paar Andenken aus Borkwalde nahmen wir, die wir nur noch einpacken mussten, mit.Mit einem Möbelwagen ging es am nächsten Tag nach Belzig. Es war anstrengend, da ich fast alles allein machen musste. Wölfi, durfte sich noch nicht so anstrengen mit seiner Hand. Er sagte: „Es macht mich traurig,dass du dich so abquälen musst." Darauf nahm ich ihn in meine Arme und sagte: „Du weist doch, ich tu das doch für uns beide." Und so schlimm ist es auch wieder nicht, denn man weiß ja, dass man auch damit einmal fertig ist." Wölfi lachte. „Ich bin immer wieder stolz, eine so liebe, intelligente Frau wie dich gefunden zu haben und geheiratet habe. Ich musste lächeln und dachte, er überrascht mich immer wieder, je aufs Neue,deshalb liebe ich ihn auch so sehr.

Nun wohnten wir schon ein Jahr in der Neuen Wohnung in Belzig. Ich setzte Wasser für Kaffee auf. Wölfi saß schon auf dem Balkon. Es war sehr schön, wir hatten hinten raus, voll die Sonnenseite. Doch ich konnte dafür keine Freude je empfinden, weil ich jeden Tag sah, dass es meinem Mann immer schlechter ging aber er wollte es mir nicht zeigen. Aber wenn man jemanden so liebt wie ich, so merkt man auch jede Kleinigkeit, auch wenn sie noch so kein ist, die an ihm, je nicht hingehörten. Ich fühlte es, es ging Bergab mit meinem geliebten Mann,ich konnte nichts dagegen tun und musste zusehen,wie er zerfällt.Ich ließ mir auch nichts anmerken, er sollte nicht sehen, dass ich je traurig bin.Eines Tages, wir saßen auf dem Balkon und hinten auf der Wiese spielten kleine Hundewelpen, es waren Dackelmischlinge. Mein Wölfi sagte: „Schau Mal Liebling möchtest du so einen haben, dann bist du nicht so allein falls mir etwas zustoßen sollte.

Wölfi rief die junge Frau je zu sich, er fragte, ob die Welpen zu verkaufen wären und sie bejahte. „Was sollen sie denn kosten?" Einer 100euro, aber sie müssen sich noch 3Wochen gedulden, dann können sie von der Mutter erst weg. Welche möchten sie denn haben?" „Nun, Liebling such dir einen aus." Und ich suchte mir die kleine Wilde aus.

Nach zirka 3Wochen klingelte es und die junge Frau stand je mit dem Welpen vor unserer Tür. Wölfi übergab ihr die Hundert Euro. „Sie ist genauso süß wie du es bist. Wie soll sie denn heißen, hast du denn einen Namen für sie?" Ja, mein Liebling,sie ist so klein wie eine Schnee -flocke. Ich werde sie Flocke nennen." Eines Tages stellte ich fest, dass mein Mann nicht mehr richtig essen konnte. Ich fragte ihn: „Liebling was ist, kannst du nicht schlucken?" Er druckste herum und meinte: „Ich weiß auch nicht, mir fällt auf einmal das Schlucken schwer."

Am nächsten Morgen in der Früh rief ich unsere Frau Doktor Wunder an, ich schilderte ihr mein Anliegen. Sie versprach, wenn die Sprechstunde vorbei sei, würde sie sofort vorbeikommen. Ich bedankte mich und legte auf. Nach achtzehn Uhr klingelte es unten am Hausein -gang. Ich drückte den Knopf. Ich bat sie Einzutreten.Sie ging je nach unsern gemeinsamen Schlafzimmer wo Wölfi im Bett lag. „Na, Herr Winter, wie geht es Ihnen heute." Er erzählte ihr nun je alles, was er je auf dem Herzen hatte. Nach einer halben Stunde rief mich nun Frau Doktor Wunder ins gemeinsame Schlafzimmer zu sich. „Erstens Frau Winter, ihr Mann braucht ein Zimmer für sich allein. Dann ein anders Bett." Und sie gab Auflagen noch und noch. Ich musste mir einen Zettel holen, um alles aufzuschreiben. Und zu meinem Mann meinte sie: „Wir sehen uns früh, Morgen in der Praxis. „Haben Sie auch schon eine Patienten-Verfügung?"

Mir stockte der Atem. „Wofür braucht mein Mann denn so was?" „Es ist nur eine Vorsichtmaßnahme sagte sie zu mir."Ich bestellte bei Holl, in der Stadt, ein Bett für Wölfi, dass er bauen sollte. Ich hatte es extra aufgemalt – 90 x 2 Meter. Dann ein Lattenrost mit Fernbe -dienung. Zum Schluss noch einen Wannenlift. Am nächsten Tag in der Früh fing ich an die Zimmer umzu- räumen. Dann ging es Schlag auf Schlag. Die Untersuchungen haben er -geben, mein Mann hatte Krebs. Ich konnte es nicht fassen, ich wollte es nicht wahr haben. Ärzte können sich doch mal irren.„Nein sagte Frau Doktor, es hat alles seine Richtigkeit. Und dann stellte ich ihr die Frage,die mir sehr am Herzen lag: „Wie lange." Das kann ein paar Jahre gut gehen, aber es können auch nur noch Wochen sein.Wir werden sehen. Ich komme Morgen und werde ihren Mann eine Sonde anlegen." Dann werde ich je das Astronauten Essen für ihren Mann bestellen. Dann kann er etwas essen. Merken wird er es nicht, denn es wird über die Sonde in den Bauch gespritzt. Er hat nur dass Sätti -gungsgefühl. Und er verspürt keinen Hunger." „Was ist das? Fragte ich sie. Ich kenne so was alles gar nicht. Sie sagte: „Ich komme Morgen wieder und ich zeige Ihnen alles, wie es gehandhabt wird, wenn ich je alles bei ihren Mann angeschlossen habe. Sie verabschiedete sich und sagte noch: „Und zeigen Sie ihren Mann nicht, dass Sie sich Sorgen machen, denn das schadet wiederum seine Gesundheit. Sie ging zu meinem Mann und sagte zu ihm: „Bis Morgen Herr Winter. Ich geleite sie noch hinaus.

Am nächsten Morgen ging alles Drunter und Drüber.Das Bett,der Lattenrost, das Essen alles auf einmal geliefert.Ich weis nicht, wo mir der Kopf stand. Und dann rief Wölfi: „Liebling warum ist es denn so laut. „Die Möbel sind da, sagte ich."

Eine Stunde später kam noch Mal Frau Doktor Wunder mit der Sonde, die sie anschließen wollte, vorbei. Wir gingen zu Wölfi und Frau Doktor sagte: „So, Herr Winter, jetzt werden Sie keinen Hunger mehr verspüren, sie schloss die Sonde mit Schlauch über den Bauchnabel an.Sie werden immer satt sein, dafür wird ab heute nun ihre liebe Frau Sorge tragen. Da sagte plötzlich mein Mann: „Ja, auf meine liebe Frau konnte ich mich schon immer verlassen und lächelte mich an." Ich musste je meine Tränen zurückhalten, er durfte mich nicht so sehen, dass ich traurig war und mich um ihn sorgte. Frau Doktor ging. Ich lief zu Wölfi ins Zimmer und sagte: „So,jetzt geht es los,sagte ich zu Wölfi." Er fragte: „Was meinst du, Liebling." Ich überlegte und sagte: „Ich werde den großen Fernseher aus dem Wohnzimmer bei dir hinstellen und den Kleinen nimm ich für meinem Computer. Ich sah, wie seine Augen strahlten und sich freute.

Ich lebte nur noch für meinen Liebling. Ich verwöhnte ihn, wo ich nur konnte. Und eines Tages fragte er mich: „Mein kleiner Liebling, ich habe so ein Appetit auf ein Bier." Ich sagte: „Warte ich rufe Frau Doktor an. „Frau Doktor, mein Mann hat Appetit auf ein Bier, was soll ich tun?" Ich merkte das Frau Doktor einen Moment überlegte, dann sagte sie: „Tun Sie alles, was er sich von Herzen wünscht."Danke sagte ich und legte auf. Ich ging zu Wölfi und sagte ihm, dass Frau Doktor es erlaubte. Ich nahm nun Flocke und ging zum Kiosk und kaufte ein paar Flaschen Bier. Am anderen Tag ging ich mit Wölfi auf unserem Balkon.' „So sagte ich und jetzt hole ich dir ein gutes kühles Bier. Unterm Fenster stand ein Mieter,der etwas suchte. Mein Mann sagte: „Hallo, wenn Sie das suchen, es liegt dort weiter hinten. Der Mann ging in der Richtung die Wölfi ihn angab. „Halt sagte er,dort ist es. Es sah aus,wie ein je halber Sonnenschirm. Der Mieter bedankte sich und stellte sich dann vor: „Mein Name ist Lehmay. „Mein Name ist Wölfi Winter.Und das ist meine liebe Frau Melanie Winter. Wölfi reichte ihm eine Flasche Bier herunter, die er darauf dankend annahm.Und so nahm nun eine Freundschaft ihren Lauf. Diddi nahm ihn überall mit hin. Zum Arzt, zur Tankstelle.Es ging solange gut,bis sich Wölfi eines Tages nicht mehr auf den Beinen halten konnte und nur noch im Bett lag. Aber die Freundschaft hielt. Er, Diddi, erkundigte sich Tag für Tag wie es ihm geht.Bald musste ich ihm sagen, dass es ihm sehr schlecht ginge, er es nicht so zeigen tut, sagte ich je zu Diddi: „ Aber ich spüre es, er entgleitet mir immer mehr und das macht mich je so traurig. Am nächsten Tag spürte ich, dass Wölfi wieder ein Tief hatte. Ich fragte: „Mein Liebling,was ist los, was bedrückt dich? „Es ist doch in zehn Tagen Weihnachten und ich werde einen schönen großen Weihnachtsbaum für uns kaufen.‟

Wie die Zeit vergangen ist. Jetzt feiern wir bald unser viertes Weihnachtfest in unserer Wohnung. Ich schmückte den Weihnachtsstern am Fenster von Wölfi. Er erstrahlte je in einem goldenen Licht. Aber Wölfi zeigte je keinerlei Interesse. Ich war enttäuscht, zeigte es aber nicht. Ich ging mit Flocke eine Runde Gassi. Nach einer halben Stunde gingen wir dann Richtung nach Hause.Es war noch früh am Morgen, als ich Wölfi rufen hörte. Ich ging zu ihm und fragte: „Na, mein Liebling, wo drückt der Schuh, hast du einen Wunsch." Er lächelte. „Ja, sagte er. Packe doch für mich ein paar Sachen ein und rufe dann Frau Doktor Wunder an, sage sie möchte doch bitte vorbeikommen,es sei sehr wichtig. Ich versprach es. Ich packte seine Tasche, was das bedeuten sollte konnte ich nicht sagen. Aber wohl, war mir dabei nicht. Als ich ihn sagte, dass Frau Doktor nun kommt, war er schon angezogen. „Ich fragte ihn, was los sei, aber es klingelte.

Ich ging zur Tür und lies Frau Doktor eintreten. Ich sagte ihr, dass ich je nicht wüsste was sie bei ihm sollte. Sie sagte: „Na, dann lassen sie mich erst Mal mit ihm,nur allein reden." Nach einer viertel Stunde kam sie zu mir und meinte: „Es ist nichts Außergewöhnliches, er will sich nur noch einmal vor Weihnachten richtig untersuchen lassen. Dann verab -schiedete sie sich von uns. Und Wölfi, wünschte sie alles Gute. Ich wusste gar nicht, was ich, von all dem halten sollte. Mein Mann war je so abwesend, wie in einer anderen Welt. Ich fragte: „Was hat Frau Doktor gesagt? Ich bekam keine Antwort und er kramte in seiner Schublade, nahm sein Handy und steckte es in seiner Tasche. Kurz darauf klingelte es. Ich öffnete und zwei Sanitäter standen vor der Wohnungstür.Ich bat sie herein. Sie begrüßten mich. Einer nahm Wölfi unter den Arm geharkt, der andere nahm seine Sporttasche und verabschiedeten sich. Ich schloss die Tür und ging zum

Fenster. Ich sah, meinen Mann in dem Krankenwagen einsteigen, er drehte sich nicht einmal um und schaute nicht hoch. Ich hob meine Hand um zu winken, lies sie aber wieder sinken. Ein ungutes Gefühl beschlich mich. Und eine innerliche Stimme – ich hörte sie sehr deutlich sagen: „Er, kommt nicht wieder!" Und dann weinte ich je, auf einmal, bitterliche Tränen. Was war auf einmal geschehen, warum war mein Mann auf einmal so abwesend?" Mein Wölfi, ich erkannte, meinen eigenen Mann nicht wieder. Ich ging weg vom Fenster und nahm meinen Hund Flocke, ich brauchte frische Luft. Ich konnte hier drinnen nicht mehr atmen.Wir zwei gingen zum Park. Dort setzte ich mich auf einer kleinen Bank, und ließ meine Gedanken, freien Lauf. Was war denn nur geschehen, ich wusste darauf keine Antwort. Mir wurde plötzlich kalt, ich blickte an mir herunter und sah, dass ich ja keinen Mantel anhatte. Ich ging heim.

Am Hauseingang angekommen, stand mein Sohn Hardy vor der Tür. Er gab mir einen Kuss und sagte: „Ich habe je geklingelt aber niemand öffnete. Ich sagte: „Wölfi ist je nicht da. Komm erst Mal mit nach oben. Ich mache uns zwei einen Kaffee und dann erzähle ich dir alles.Und ich erzählte ihm von Anfang an. Und zum Schluss sagte ich, dass ich eine innerliche Stimme hörte die sagte: „Er kommt nicht wieder." „Ach was, sagte Hardy, wenn es ihm wieder etwas besser geht wird er aus dem Krankenhaus entlassen. Ich werde ihn Morgen besuchen. Er wird sich bestimmt auch sehr freuen. Denn wir sahen uns ja eine ganze Weile nicht." Wenn er sich je, da Mal nicht irrte.

Am nächsten Tag, pünktlich zur Kaffeezeit kam mein Sohn Hardy vorbei. Ich fragte ihn dann sofort: „Und was hat er gesagt,hat er sich denn je gefreut, dich einmal wiederzusehen?" Nein, sagte er.

Er hat geschlafen und ich wollte ihn je, nicht wecken. Morgen werde ich noch einmal vorbeischauen. Ich sagte: „Und bitte, bestelle liebe Grüße von mir und sage ihm,dass ich den Tag darauf, bei ihm sein werde. „Werde ich bestellen." Wir plauderten noch eine Weile und er streichelte Flocke und meinte: „Sie ist einfach süß. Ja, sagte ich, „Sie ist ein Geschenk von Wölfi." Dann ging er und sagte: „Morgen um die gleiche Uhrzeit werde ich vorbeikommen, um dir zu berichten,wie es deinen Wölfi geht.Der Tag ging jedoch langsam zu Ende und ich drehte die Letzte Runde mit meiner kleinen Flocke. Heute ging ich je, sehr früh zu Bett. Irgendwie fühlte ich mich je so schrecklich leer, so allein gelassen. Ich hatte auch sehr schlecht geschlafen und hatte Alpträume.Immer,wieder war Wölfi vor mir und winkte. Winkte, mir mit einem schwarzem Tuch, lächelnd zu. Schweißgebadet wachte ich auf.Was hatte das denn nun wieder zu bedeuten?'

Pünktlich zur Kaffeezeit klingelte es unten an der Tür. Ich drückte auf den Sensor und öffnete die Wohnungstür. Hardy kam langsam die Stufen empor; aber was war das, er hatte Wölf's Sporttasche bei sich. Und nun sah ich, dass er weinte. Er lies die Tasche je zu Boden sinken und nahm mich in seine Arme. Ich habe noch nie meinen Sohn weinen sehen und ich wusste, was geschehen war. Wölfi, mein geliebter Mann ist von mir gegangen, er hatte mich für immer verlassen. Wir gingen beide zusammen ins Wohnzimmer. Wir unterhielten uns bis spät in die Nacht hinein. Und ich sagte zu Hardy: „31.Mal hatten wir zusammen Weihnachten und Silvester gefeiert. 31Jahre waren wir je sehr glücklich gewesen. 31Jahre konnte sich einer auf den anderen verlassen. Und nun war plötzlich alles vorbei. Und in einer Woche ist je Weihnachten. Später sagte Hardy zu mir: „Ich hatte Wölfi immer gern, als wäre er mein Vater."

Ein halbes Jahr später rief ich bei der Bo Wo Lo Hausverwaltung an und fragte nach einer Wohnung. Ich sagte, dass ich dort nicht bleiben könnte, da ich meinen Mann überall sehen würde. Sie versprachen, sich drum zu kümmern Anfang Oktober rief man mich an und sagten es wäre eine 2Zim. Wohnung mit Terrasse frei und wenn sie gefällt, so könnte ich dort sofort einziehen. Ich schaute mir am nächsten Tag die neue Wohnung an. Es war ein Traum, alles war perfekt. Na ja, fast alles. Aber ich habe ja Zeit um es zu ändern, was mir nicht zusagt.Ich fing erst einmal drinnen an.Ich kaufte Farbe, um zu Malen und Bilder an den Wänden anzubringen. Ich kaufte Teppiche und vieles mehr. Mein Hund Flocke fühlte ich auch sehr wohl, sie konnte aus dem Fenster schauen. Als ich mit allen fertig eingerichtet war, betrachtete ich zum Schluss mein Werk. Ich muss sagen ich war sehr zufrieden. Im Frühjahr geht es in den Garten.

Im April fing ich an, im Garten mächtig zu ackern. Ich lies die Toten-Hecke von Rainer entfernen – denn so was hat man auf Friedhöfen und daran möchte ich je nicht mehr erinnert werden. Ich kaufte, die schönsten Rosen, Gartenleuchten, und kaufte einen Rosenbogen mit und einen ohne Tür. Bis jetzt gab ich jedoch Hunderte von Euros aus. Und war noch nicht einmal fertig mit meinem Garten. Er ist zwar klein aber übersehbar. Ein Jahr später kaufte ich noch mehr Rosen. Ich pflanzte eine Rosenhecke. Mein Mann, Wölfi liebte Rosen, so wie ich. Und ein Jahr später war mein Garten soweit fertig, man sagt zwar fertig, aber man wird nie fertig es kommt immer wieder etwas Neues hinzu. Ich habe 150 Rosen, die eine schöner als die andere. Mein Wölfi wäre bestimmt sehr stolz auf mich gewesen. Aber glücklich bin ich nicht. Das Alleinsein ist nicht so zu verkraften und jeder der je das gleiche Schicksal hat, wird mich verstehen..."

Egal wo ich bin, egal wo ich war,
ich sah dein Gesicht es war immer da.
Nun bist du gegangen, auf ewig fort,
an einem schöneren, Seeligen Ort.
Hörst mich da, wenn meine Seele nach
dir weint, wenn sie schmerzt und aus
ganzer Kraft schreit? Siehst du mein
Herz wie es beginnt zu zerbrechen, wie
es dich vermisst und dein heiteres
Lächeln?Doch ich muss hier verbleiben,
und hoffe du wartest auf mich, denn wir
werden uns bald sehen, dies ist ein
Versprechen an dich.